Leben, um zu lieben

Frère Roger, Taizé

Leben, um zu lieben
Worte des Vertrauens

HERDER

FREIBURG · BASEL · WIEN

Inhalt

DAS ERBE, das Frère Roger hinterlassen hat, lebt weiter. Er hatte eine Gewissheit: Gott ist mit jedem Menschen vereint, auch mit denen, die sich dessen nicht bewusst sind. Im Vertrauen auf die Gegenwart Gottes fand er einen Frieden, den er anderen zu vermitteln versuchte.

Das Vertrauen auf Gott gab ihm den Mut, immer wieder geschichtliche Entwicklungen vorwegzunehmen. Er erschloss Wege, wo andere keine sahen, um Versöhnung unter den Christen anzubahnen und um zum Frieden in der Menschheitsfamilie beizutragen.

Er war hatte die großen Umwälzungen im Blick, die unsere Gesellschaften tiefgreifend veränderten und verändern. Sehr früh erkannte er, dass die modernen Zeiten es erschweren, auf Gott zu vertrauen, und konnte alle verstehen, die ins Zweifeln gerieten.

Und zugleich fürchtete sich Frère Roger nicht vor Veränderungen. Im Gegenteil, wissenschaftliche Forschungsergebnisse begeisterten ihn und entzündeten in ihm die Hoffnung auf eine Verbesserung der Lebensbedingungen der ärmsten Menschen.

Aufgeschlossen für die Jugendlichen pflegte er zu sagen: «Ich würde, wenn ich könnte, bis an das Ende der Welt gehen, um zu sagen und immer wieder zu wiederholen, wie sehr ich auf die junge Generation vertraue.»

Sein Tod bleibt ein Geheimnis. Zeit seines Lebens empfand er es schmerzlich, wenn Menschen schuldlos leiden mussten. Durch seinen gewaltsamen, grundlosen Tod ist er selbst einer dieser Unschuldigen geworden. Wie Johannes dem Täufer ging es auch Frère Roger nie darum, sich selbst in den Mittelpunkt zu stellen. Er wollte auf Christus verweisen, auf die Gegenwart Gottes. Durch sein Leben und seinen Tod hat er uns klar gemacht, dass die Liebe Gottes grenzenlos ist und dass die Berufung jedes Menschen darin besteht, zu leben, um zu lieben.

Die folgenden Seiten geben einen tiefen Einblick in Frère Rogers Leben und Denken. Sie enthalten kurze Auszüge aus seinen zahlreichen Veröffentlichungen – die Kapitel sind dabei nach den Titeln seiner wichtigsten Bücher benannt.

Frère Alois

Im Heute Gottes leben

HEISST DU JEDEN NEUEN TAG als ein Heute Gottes willkommen? Kannst du jeder Jahreszeit Aufbrüche voller Poesie abgewinnen, an lichtdurchfluteten Tagen wie in eisigen Winternächten? Wirst du dein schlichtes Zimmer durch Zeichen aufhellen, die einem das Herz aufgehen lassen?

DIE EREIGNISSE ANNEHMEN, auch die kleinsten, ohne Hintergedanken, ohne Bedauern, ohne Wehmut, aber in unerschöpflichem Staunen. Geh, geh weiter, setz einen Fuß vor den anderen, vom Zweifel geh weiter zum Glauben, und kümmere dich nicht um das, was unmöglich scheint. Entzünde ein Feuer, selbst mit den Dornen, die dich zerreißen.

SEIT DEN APOSTELN, der Jungfrau Maria und den Glaubenden der ersten Zeit erging der Ruf, in Schlichtheit zu leben und zu teilen. Es gehört zu den reinen Freuden des Evangeliums, immer wieder eine Einfachheit des Herzens anzustreben, die zur Einfachheit in der Lebensgestaltung führt.

Vereinfachen bedeutet nie, sich von eisiger Unerbittlichkeit einnehmen zu lassen, die dem anderen nicht gut sein kann und sich darin erschöpft, alle zu verurteilen, die sich nicht auf denselben Weg begeben. Wäre ein einfacher Lebensstil gleichbedeutend mit Griesgram – wie könnte er das Evangelium erschließen? Der Geist der Einfachheit zeigt sich in Zeichen ungetrübter Freude

und auch in einem heiteren Herzen. Vereinfachen lädt ein, das Wenige, das man hat, so zu gestalten, wie es der einfachen Schönheit der Schöpfung entspricht.

WER SEIN LEBEN VEREINFACHT, kann mit den Bedürftigen teilen, um Leiden zu lindern, wo es Krankheit, Armut oder Hunger gibt.

Ob wir in Taizé leben oder irgendwo unter den Armen auf anderen Erdteilen, uns Brüdern ist bewusst, dass wir zu einem schlichten Leben berufen sind. Wir haben erfahren, dass man auch mit einfachen Mitteln täglich Gastfreundschaft üben kann.

Gott aller Barmherzigkeit, du versenkst unsere Vergangenheit in Christi Herz und nimmst dich unserer Zukunft an.

Die Dynamik des Vorläufigen

ANGESICHTS DER BESCHLEUNIGUNG sämtlicher
Entwicklungen ermöglicht uns eine Dynamik des
Vorläufigen, die uns umso freier lässt, je treuer wir
dem Wesentlichen verhaftet bleiben, immer wieder
neu Atem zu schöpfen.

WER ZU GOTT UNTERWEGS IST, geht von einem
Neubeginn zum andern. Zählst du zu den Menschen,
die es wagen, zu sich selbst zu sagen: «Fang wieder
an! Streif die Mutlosigkeit ab! Sei ein lebendiger
Mensch!»

NUR WER SINN für Kontinuität hat, kann aus der Dynamik des Vorläufigen Nutzen ziehen.

Die Begeisterung – verstanden als Bereitschaft zum Einsatz – ist eine positive Kraft, aber sie genügt nicht. Sie ist eine Kraft, die sich erschöpft und die vergeht, wenn sie nicht ihren Schwung einer anderen, tiefgründigen und weniger fühlbaren Kraft mitteilt, die uns das ganze Leben lang in Gang halten muss. Deshalb muss die Kontinuität unbedingt gesichert sein, denn die Hochstimmung der Begeisterung wird immer wieder unterbrochen von toten Zeiten, von dürren Wüstenstrecken.

Dasselbe gilt von der Regelmäßigkeit im Gebet. Über diese notwendige Treue zu stöhnen, hieße über sich selbst stöhnen. Denn zum gegebenen Zeitpunkt werden Regelmäßigkeit und Kontinuierlichkeit zum Sprungbrett für einen neuen Anlauf.

WÄREN DIE GEISTLICHEN WERTE in zahlreichen
Ländern nicht schwer erschüttert, würden wir
als Communauté nicht die Jugendtreffen auf uns
nehmen und Woche für Woche nordeuropäische,
slawische oder mediterrane oder auch Jugendliche
von den anderen Erdteilen zu Gast haben.

Wenn wir die vielen Gesichter der Jugendlichen
auf unserem Hügel von Taizé sehen, begreifen wir,

dass sie mit existentiellen Fragen kommen: Was erwartet Christus von mir? Wie kann ich in ihm einen Sinn für mein Leben finden? Ohne es immer klar zu ahnen, suchen sie Christus nachzufolgen. Uns Brüdern kommt es darauf an, ihrem Vertrauen zu entsprechen, indem wir zuallererst Männer des Gebets sind, Menschen, die zuhören, und niemals Meister des geistlichen Lebens.

Heiliger Geist, gib, dass wir Frieden stiften,
wo Gegensätze aufeinanderprallen,
und durch unser Leben einen Widerschein
des Erbarmens Gottes erkennen lassen.
Ja, lass uns lieben und es
mit unserem Leben sagen.

Ein Fest ohne Ende

WENN DAS FEST AUFHÖRTE ... wenn wir eines
Morgens in einer gut organisierten, funktionellen,
satten Gesellschaft, die aber bar jeder Spontaneität
wäre, erwachten ...

Wenn das Gebet der Christen ganz und gar Sache
des Verstandes würde, wenn es so sehr säkularisiert
würde, dass es keinen Sinn für das Mysterium, für
die Poesie mehr kennen würde, so dass für das
Beten des Leibes, für Intuition, für das Gemüt kein
Platz mehr vorhanden wäre ...

Wenn das Fest im Leib Christi, der Kirche,
verstummte, wo gäbe es dann noch auf der Welt
einen Ort der Gemeinschaft für alle Menschen? Ich
spüre diesen Durst nach Gemeinschaft, der stark,
bis zur Angst, bei den Jugendlichen ausgeprägt
ist, die zu uns auf dem Hügel heraufkommen:
Gemeinschaft mit den Menschen in ihren Kämpfen
und Sehnsüchten. Und das in einer Zeit, in der
wir erleben, dass Menschen einander nicht mehr
vertrauen können. Und ich spüre den Durst nach
Gemeinschaft mit Christus.

Wenn das Fest in mir verstummte, hätte ich dann noch die Kraft, immer wieder von neuem nach Gemeinschaft mit einer neuen Generation zu suchen?

LASS IN DEINEM TAG Arbeit und Ruhe vom Wort Gottes ihr Leben empfangen. Wahre in allem die innere Stille, um in Christus zu bleiben. Lass dich durchdringen vom Geist der Seligpreisungen: Freude, Einfachheit, Barmherzigkeit.

DAS GLÜCK – es ist da, in greifbarer Nähe. Nie nach ihm suchen, sonst verfliegt es. Es liegt in der Wachheit bewundernden Staunens. Manchmal scheint das Glück für lange, sehr lange Zeit zu verschwinden. Und doch ist es da, plötzlich steht es vor Augen.

Gott der Barmherzigkeit,
groß ist unser Durst nach Frieden im Herzen.
Und das Evangelium lässt uns erkennen:
Selbst in den dunklen Stunden liebst du uns,
willst du, dass wir glücklich sind.

Kampf und Kontemplation

KAMPF UND KONTEMPLATION: Lassen wir uns soweit führen, bis sich unser ganzes Leben zwischen diese beiden Pole spannt?

NUR EINES ist verhängnisvoll, im Gebet wie im Kampf: die Liebe verlieren.

Ahnst du es? Kampf und Kontemplation haben nur eine einzige Quelle: Christus, der Liebe ist. Wenn du betest, geschieht es aus Liebe. Wenn du kämpfst, um dem Ausgebeuteten seine Menschenwürde wiederzugeben, so geschieht auch das aus Liebe. Wirst du Christus für die Menschen leben, auch wenn du dabei dein Leben aus Liebe verlierst?

MANCHE ERGREIFT Angst vor der Zukunft, und sie sind davon gelähmt, aber überall auf der Erde gibt es auch erfinderische, schöpferische Jugendliche. Sie wissen, dass Gott uns nicht zur Untätigkeit erschaffen hat. Für sie ist das Leben nicht einem blinden Schicksal unterworfen. Ihnen ist bewusst: Was den Menschen lähmen kann, sind Skepsis oder Entmutigung.

Nicht nur die Verantwortlichen der Völker gestalten die Zukunft. Ganz einfache Menschen, kleine Leute können dazu beitragen, eine Zukunft des Friedens aufzubauen.

Der Mensch kann einen Trieb zur Gewalt haben.
Damit auf der Erde Vertrauen wächst, kommt es
darauf an, bei sich selbst zu beginnen: den eigenen
Weg mit einem versöhnten Herzen gehen, mit den
Menschen der Umgebung in Frieden leben.

Frieden auf der Erde bahnt sich an, wenn sich jeder
von uns zu fragen wagt: Bin ich darauf aus, inneren
Frieden zu suchen, bin ich bereit, uneigennützig
vorzugehen? Kann ich auch ohne viel Aufwand dort,
wo ich lebe, Sauerteig des Vertrauens sein und dabei
die anderen immer besser verstehen?

Gott voll Erbarmen, fassungslos stehen wir vor dem unbegreiflichen Leiden Unschuldiger. Wir bitten dich für alle, die Schweres durchmachen: Erleuchte die Herzen der Menschen, die den Frieden suchen, der für die Menschheitsfamilie unerlässlich ist.

Aufbruch ins Ungeahnte

WER SEIN GANZES LEBEN EINSETZT, kennt keine Auswegslosigkeit. Wir meinen uns von Christus abgewendet zu haben; er wendet sich nicht von uns ab. Wir meinen ihn vergessen zu haben; er war und ist da. Und so brechen wir neu auf, beginnen wir von neuem, Christus ist gegenwärtig. Darin liegt das Unerwartete, darin liegt das Ungeahnte.

DAMIT EIN LEBEN SCHÖN WIRD, muss man nicht außergewöhnlich befähigt sein, muss einem nicht alles leicht von der Hand gehen: Glücklich, wer es versteht, sich selbst hinzugeben.

WER DEN RUF DES EVANGELIUMS zu einem lebenslangen Ja vernimmt, steht manchmal vor der Frage: Wie werde ich durchhalten? Das Ja fasziniert; gleichzeitig kann das Ja erschrecken. Man zögert. Eines Tages aber stellt man erstaunt fest, dass man den Weg der Nachfolge Christi eingeschlagen hat: Der Heilige Geist hatte das Ja schon auf den Grund der Seele gelegt. Und man kann Marias Antwort nachvollziehen: «Mir geschehe nach deinem Wort.»

WIE KANN ICH ICH SELBER SEIN, wie kann ich mich selbst verwirklichen? Manche quält diese Frage in beängstigender Weise. Das Evangelium legt dem Menschen nahe, er selber zu sein und seine Gaben hundertfach zu nutzen, aber nicht, um sich selbst, sondern um dem Nächsten zu dienen.

Dem Evangelium nach heißt Ich-selber-sein so lange graben, bis man auf die unersetzliche Gabe stößt, die in jedem Menschen verborgen ist. Still werden, sich in die Wüste zurückziehen, und sei es auch nur ein einziges Mal im Leben, um diese Gabe kennenzulernen ...

Jesus Christus, es kann uns wie auch manchem deiner Jünger schwerfallen, deine Nähe als Auferstandener zu begreifen. Durch den Heiligen Geist wohnst du aber in uns und sagst zu jedem von uns: Folge mir nach, ich habe dir einen Weg zum Leben gebahnt.

Einer Liebe Staunen

CHRISTUS, LIEBE ALLER LIEBE, hat sich dir eingebrannt. Und wenn die Liebe Verzeihen ist, lebt dein hart geprüftes Herz von neuem auf. Die Betrachtung seiner Vergebung wird zu einem Strahl der Barmherzigkeit in einem ganz einfachen Herzen. Und die Heiligkeit Christi ist nicht länger ein unerreichbares Gut.

ERSTAUNTE FREUDE: Der Heilige Geist will uns zu Menschen machen, die klar sind wie der Himmel im Frühjahr.

Das Evangelium birgt eine so deutliche Hoffnung, einen so eindringlichen Aufruf zur Freude, dass wir bis zur äußersten Hingabe gehen möchten, um sie in nah und fern weiterzugeben.

Wo liegt die Quelle der Hoffnung und der Freude? Sie ist in Gott, der uns unablässig sucht und in uns die tiefe Schönheit der menschlichen Seele findet.

ÜBER SEINE LIEBE STAUNEND mag man unwillkürlich sagen:

Jesus, der Auferstandene, war in mir, und dennoch spürte ich nichts von ihm. Wie oft habe ich ihn anderswo gesucht. Solange ich den Quellen aus dem Weg ging, die er zutiefst in mich gelegt hatte, streifte ich vergeblich in die weite Ferne, verrannte ich mich in Sackgassen. Freude in Gott schien unauffindbar.

Aber es kam die Zeit, in der ich entdeckte, dass Christus mich niemals verlassen hatte. Ich wagte es kaum, mich an ihn zu wenden, aber er hat mich verstanden, und schon sprach er zu mir. Als sich der Schleier über den Sorgen hob, kam das Vertrauen des Glaubens und leuchtete bis in meine eigene Nacht.

Jesus Christus, selbst als man dir hart zusetzte, hast du niemanden bedroht. Auch wir möchten Wege finden zu verzeihen, und dabei im Herzen ganz einfach bleiben.

Blühen wird deine Wüste

AUCH OHNE IHN ZU ERKENNEN – kannst du Zeiten langen Schweigens mit Jesus Christus verbringen, in denen anscheinend nichts geschieht? Dort, mit ihm, reifen die einschneidenden Entscheidungen heran.

Sag ihm alles und lass ihn in dir die strahlende Gabe des Lebens besingen. Sag ihm alles, selbst das Unaussprechbare, ja das Absurde. Wenn du nur mühsam verstehst, was er von dir will, sag es ihm.

Inmitten deiner Kämpfe lässt er in dir ein Wort, eine Einsicht, ein Bild aufsteigen ... eine Wüstenblume, eine Freudenblüte sprießt in dir auf.

WIR SIND IN EINER WELT, in der es gleichzeitig Licht und Dunkel gibt.

Schleicht sich ein Zweifel in unser Sehnen nach Licht? Dostojewski, ein gläubiger Russe, ließ sich davon nicht beunruhigen und schrieb: «Ich bin ein Kind des Zweifels und des Unglaubens. Welch schreckliches Leiden kostete und kostet mich der Durst nach Glauben, der in meiner Seele umso stärker wird, je mehr in mir die Einwände dagegen wachsen. Durch das ‹Fegefeuer des Zweifels› ist mein Hosanna gegangen.»

Und dennoch konnte Dostojewski fortfahren:
«Es gibt nichts Schöneres, nichts Tieferes, nichts Vollkommeneres als Christus, und nicht nur, dass es nichts anderes gibt, es kann auch nichts geben.»

Dieser Mann Gottes gibt zu verstehen, dass der Nichtglaubende in ihm neben dem Glaubenden steht; seine leidenschaftliche Liebe zu Christus beeinträchtigt das nicht.

Glücklich, wer auf dem Weg vom Zweifel zum ungetrübten, schlichten Vertrauen auf Gott ist! Wie sich der Nebel am Morgen auflöst, werden auch die Nächte der Seele hell – kein trügerisches, sondern ein unverstelltes Vertrauen, das dazu drängt, hier und jetzt zu handeln, zu verstehen und zu lieben.

Atem der Liebe Christi, Feuerhauch,
entzünde die Wüsten im Herzen. Durchdringe
sie ganz und gar. Lass schmelzen, was sich
auflehnt angesichts des Geheimnisses der
Gemeinschaft in dir.

In allem ein innerer Friede

IMMER WIEDER in die leidvollen Prüfungen einwilligen, die so oft mit dem Leben verbunden sind. In allem den Frieden des Herzens suchen. Und das Leben wird schön sein. Das Unerhoffte tritt ein.

Christus weiß, welchen inneren Kampf wir bisweilen führen, um lautere Menschen zu sein. Das innere Ringen ist ein Zeichen unserer Liebe zu ihm. Unser Leben ist aber kein fortwährender Kampf. Wenn wir die Freudenbotschaft des Evangeliums annehmen, schenkt uns der Heilige Geist, was wir oft nicht mehr erwarteten: den Frieden des Herzens und mit ihm ein Glück.

IM FRIEDEN DES HERZENS verflüchtigt sich die Sorge um dich selbst.

Am wichtigsten ist es zu entdecken, dass Gott dich liebt. Und seine Liebe ist Nähe und Verzeihen. Seine Vergebung strahlt Vertrauen aus, und deshalb ist im Herzen Frieden möglich, ja gewiss.

Er liebt dich – selbst wenn du ihn nicht zu lieben glaubst. Es kommt der Tag, an dem du zu ihm sagst: Ich liebe dich, vielleicht nicht so wie ich gerne möchte, aber ich liebe dich.

DURCH SEINEN HEILIGEN GEIST durchdringt
der Auferstandene selbst das Verwirrendste in dir,
um es zu verklären. Was du an dir schwarzsiehst,
löst sich auf. Verjage die die dunklen Gespinste, die
zuweilen deiner Fantasie entspringen. Und Frieden
wird dein Herz erfüllen.

Sing, meine Seele: Aus Christus bin ich, ihm gehöre
ich. Die Verklärung des Menschen – unmerkliche
innere Veränderung – dauert das ganze Leben an.
Sie lässt einen im Augenblick leben und macht
aus jedem Tag ein Heute Gottes. Sie ist Beginn der
Auferstehung schon auf der Erde, Anfang eines
Lebens, das kein Ende kennt.

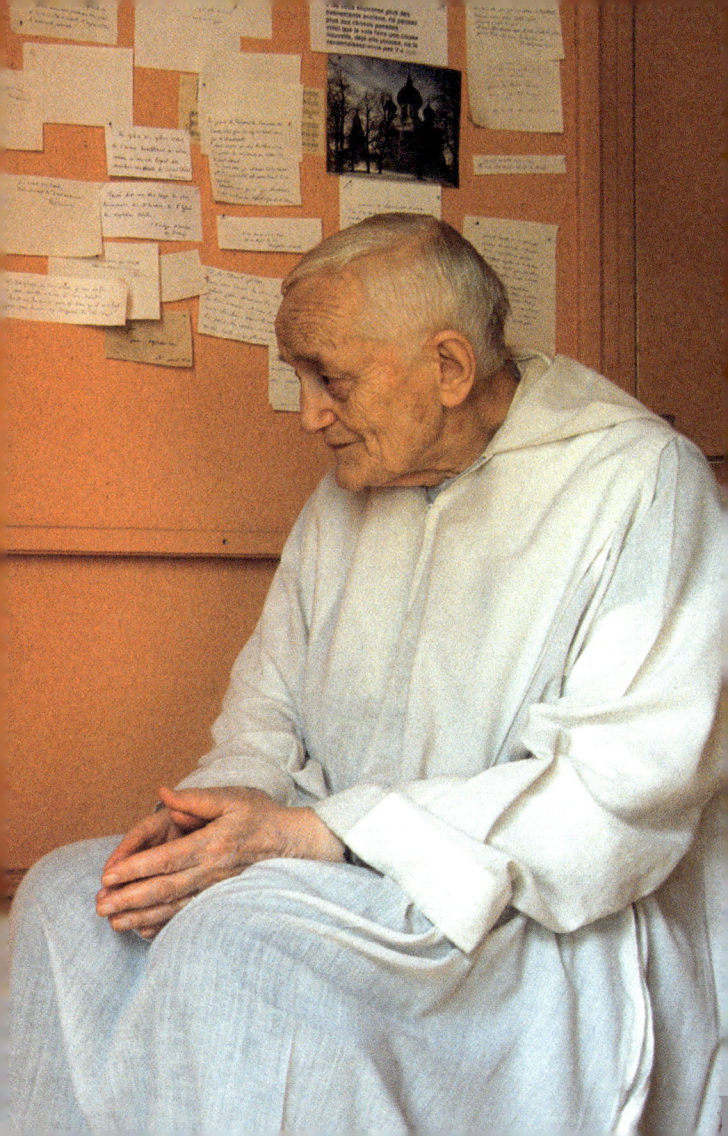

Heiliger Geist, Tröster Geist, ruhig und still in deiner Gegenwart verweilen heißt schon beten. Du begreifst alles von uns, und bisweilen kann ein Seufzen unversehens ein Gebet sein.

Gott kann nur lieben

IN SEINEM EVANGELIUM sagt Johannes in einer überwältigenden Eingebung mit drei Wörtern, wer Gott ist: «Gott ist Liebe.» Wenn wir allein diese drei Wörter begreifen, kommen wir weit, sehr weit.

Was fesselt uns an diesen Worten? Dass wir in ihnen einer hellen, klaren Gewissheit begegnen: Gott hat Christus nicht auf die Erde gesandt, um irgendjemanden zu verurteilen, sondern damit sich jeder Mensch geliebt weiß und einen Weg in Gemeinschaft mit Gott finden kann.

DIE GÜTE DES HERZENS hat nichts Unbedarftes, sie erfordert Umsicht. Sie kann dazu bewegen, etwas aufs Spiel zu setzen. Sie lässt nicht die geringste Verachtung anderer zu. Sie lenkt unser Augenmerk auf die Ärmsten, die Leidenden, die Qualen von Kindern. Sie kann mit dem Gesichtsausdruck, mit dem Tonfall bedeuten, dass es jeder Mensch nötig hat, geliebt zu werden.

Ja, für unseren Weg legt Gott uns einen Funken Güte in den Grund der Seele, der nur darauf wartet, zur Flamme zu werden.

WARUM ERGREIFT die einen Staunen über eine Liebe – wissen sie sich geliebt, ja überglücklich? Und warum haben andere den Eindruck, wenig Beachtung zu finden?

Könnte es jeder begreifen: Gott begleitet uns bis in unsere unergründliche Einsamkeit. Zu jedem sagt er: «Du zählst viel in meinen Augen, du bist wertvoll für mich, und ich liebe dich.» Ja, Gott kann nur seine Liebe schenken, darin liegt das ganze Evangelium.

Gott vertraut uns so sehr, dass er an jeden von uns einen Ruf richtet. Wozu ruft er auf? Er lädt uns ein zu lieben, wie er uns liebt. Und es gibt keine tiefere Liebe als so weit zu gehen, sich für Gott und für die anderen hinzugeben.

Gott des Friedens, du liebst und suchst jeden von uns, noch bevor wir dich geliebt haben. Mit unverhohlenem Staunen bemerken wir: Du schaust auf jeden Menschen mit grenzenloser Zuneigung und tiefem Erbarmen.

Geheimnis der Gemeinschaft

KÖNNTEN WIR UNS stets daran erinnern, dass
Christus Gemeinschaft ist ...

Er ist nicht auf die Erde gekommen, um eine weitere
Religion zu stiften, sondern allen Menschen eine
Gemeinschaft in Gott anzukünden. Seine Jünger
sind berufen, schlicht und einfach Sauerteig des
Vertrauens und des Friedens unter den Menschen zu
sein. Gemeinschaft ist einer der schönsten Namen
der Kirche.

DIE TÄGLICHE ERWARTUNG von uns Brüdern geht dahin, dass jeder Jugendliche Christus entdeckt, nicht Christus für sich genommen, sondern Christus, der Gemeinschaft ist, der im Geheimnis der Gemeinschaft ist, dass sein Leib die Kirche ist, in Fülle wohnt. Dort können so viele Jugendliche finden, was nötig ist, um das ganze eigene Leben bis zum Äußersten einzusetzen. Dort haben sie alles, was man braucht, um Vertrauen und Versöhnung zu stiften, nicht nur unter ihresgleichen, sondern unter allen Generationen.

Wir würden bis ans Ende der Erde gehen, um Wege zu suchen, um zu bitten, aufzurufen, wenn nötig, zu flehen; aber niemals von außen her, sondern immer, indem wir uns im Innern jener einzigartigen Gemeinschaft halten, die die Kirche ist.

WENN DIE KIRCHE unermüdlich zuhört, heilt und die Versöhnung lebt, wird sie zu dem, was sie ist, wo es in ihr am hellsten leuchtet. Dann wird sie zu einer Gemeinschaft der Liebe, des Erbarmens und des Trostes, lauterer Widerschein des auferstandenen Christus. Nie auf Distanz, nie in Abwehr befangen und von Strenge befreit, kann sie bis in die Herzen das schlichte Vertrauen des Glaubens ausstrahlen.

FINDE DICH NIEMALS AB mit dem Skandal der Spaltung unter den Christen, die alle so leicht die Nächstenliebe bekennen und doch getrennt bleiben. Habe die Leidenschaft für die Einheit des Leibes Christi!

Heiliger Geist, du erfüllst das All, und lässt in jedem von uns ein Leben in Gemeinschaft mit Gott wachsen. In ihm entfalten sich die Güte des Herzens und die Selbstvergessenheit um der anderen willen.

Lebensbild Frère Rogers

1915   Roger Louis Schutz-Marsauche wird am 12. Mai im
        Dorf Provence (Französische Schweiz) geboren,
        als neuntes Kind von Charles Schutz und Amélie
        Marsauche.
1931   Erkrankt für einige Jahre an Tuberkulose, mit einem
        lebensgefährlichen Rückfall.
1936   Beginnt ein Theologiestudium in Lausanne und
        setzt es später in Straßburg fort.
1939   Wird zum Vorsitzenden einer christlichen
        Studentenvereinigung gewählt. Aus ihr geht eine
        Gruppe hervor, die sich regelmäßig zu Austausch
        und Einkehr trifft.
1940   Verlegt seinen Wohnsitz aus der neutralen
        Schweiz in das geteilte Frankreich und kommt
        am 20. August in das südburgundische Dorf Taizé
        unweit der Demarkationslinie, wo er durchreisende
        politische Flüchtlinge, vor allem Juden, beherbergt.

1942   Wird entdeckt und kann zwei Jahre lang nicht nach Taizé zurückkehren, während dieser Zeit schließen sich ihm in Genf die ersten Brüder an.

1944   Rückkehr mit mehreren Brüdern nach Taizé; kümmert sich um deutsche Kriegsgefangene und um zwanzig Kriegswaisen.

1949   Sieben Brüder gehen das Lebensengagement ein, in Einfachheit ein gemeinsames Leben zu führen. Erste Reise nach Rom und Privataudienz bei Papst Pius XII.

1951   Nachdem die Zahl der Brüder auf zwölf gestiegen ist, sendet die Communauté einige von ihnen dazu aus, unter armen Menschen zu leben, bald auch auf anderen Erdteilen.

1952/1953 Verfasst die «Regel von Taizé».

1958   Begegnet Papst Johannes XXIII. Seitdem wird Frère Roger jedes Jahr vom jeweiligen Papst in Privataudienz empfangen.

1960/1961 Auf Einladung Frère Rogers kommen katholische Bischöfe und evangelische Pfarrer zu einem dreitägigen Treffen nach Taizé, einem der ersten Treffen dieser Art seit der Kirchenspaltung im 16. Jahrhundert.

1962 Besuch bei Patriarch Athenagoras in Istanbul. Auf der Rückreise erste Aufenthalte in osteuropäischen Ländern (Bulgarien und Jugoslawien, danach bis zum Mauerfall Polen, Mittel- und Ostdeutschland, Ungarn, Tschechoslowakei, Russland und Rumänien).
Im August Einweihung der Kirche der Versöhnung. Nimmt ab Oktober als eingeladener Beobachter zusammen mit Frère Max an allen Sitzungsperioden des Zweiten Vatikanischen Konzils teil.
Im Dezember Besuch Metropolit Nikodims des vom orthodoxen Patriarchat in Moskau in Taizé.

1963 Teilnahme an der Jahrtausendfeier am Berg Athos.

1966	Erstes internationales Jugendtreffen in Taizé, nachdem die Zahl der jugendlichen Besucher stetig zugenommen hatte.
1969	Die ersten katholischen Brüder treten in die Communauté ein.
1970	Zu Ostern wird ein «Konzil der Jugend» angekündigt.
1973	Erster Besuch in Polen zur Mai-Wallfahrt der oberschlesischen Bergarbeiter. Im September besucht der Erzbischof von Canterbury Michael Ramsay Taizé.
1974	Templeton-Preis und Friedenspreis des Deutschen Buchhandels. Ende August Eröffnung des «Konzils der Jugend» in Taizé, Veröffentlichung des ersten Briefs an die Jugendlichen, dem seitdem jährlich ein weiterer Brief folgt.
1975	Besuch in Chile nach dem Staatsstreich; danach jährliche Reisen in ein leidgeprüftes Land auf der südlichen Erdhälfte.

1976	Mutter Teresa besucht Taizé, im folgenden Jahr reist Frère Roger mit einigen Brüdern nach Kalkutta.
1978	Reise nach Russland, am Jahresende findet das erste von Taizé aus vorbereitete Europäische Jugendtreffen in Paris statt, dem seither jährliche Begegnungen am Jahreswechsel in einer westeuropäischen oder osteuropäischen Großstadt folgen.
1979	Das «Konzil der Jugend» wird von einem Pilgerweg abgelöst, der später «Pilgerweg des Vertrauens auf der Erde» heißt. Die Jugendtreffen gehen nun fast das ganze Jahr hindurch, von Februar bis November.
1980	Reise nach Dresden, Leipzig und Erfurt, Teilnahme an der 450-Jahr-Feier der Confessio Augustana in Augsburg. Reisen in die Vereinigten Staaten und nach Kanada. Europäisches Jugendtreffen in Rom.
1982	Besuch im vom Krieg heimgesuchten Libanon.

1983   Jugendtreffen in Madrid. Besuch beim
        amerikanischen und russischen Botschafter.
        Mutter Teresa in Taizé, gemeinsamer Aufruf zu
        Solidarität und Versöhnung.
1985   Besucht mit Kindern aus verschiedenen Erdteilen
        UN-Generalsekretär Xavier Pérez de Cuellar und
        übergibt Vorschläge Jugendlicher, wie die UNO
        Vertrauen zwischen den Völkern bilden kann.
        Am Jahresende erstes von Taizé aus vorbereitetes
        Asiatisches Jugendtreffen, im südindischen Madras
        mit tausenden Jugendlichen aus 45 Ländern.
1986   Empfängt Papst Johannes Paul II. am 5. Oktober in
        Taizé. Jugendtreffen in Ostberlin und Warschau.
1988   Nimmt in Moskau an der Jahrtausendfeier der
        Taufe der Rus teil, erhält in Paris den UNESCO-Preis
        für Friedenserziehung.

1989	Jugendtreffen in Pécs und Budapest. Erhält den Internationalen Karlspreis der Stadt Aachen, am Jahresende in Breslau erstes Europäisches Treffen auf dem Gebiet des ehemaligen Ostblocks mit 50.000 Jugendlichen.
1991	Asiatisches Jugendtreffen in Manila auf den Philippinen.
1992	Der Erzbischof von Canterbury, George Carey, mit tausend jungen Anglikanern für eine Woche in Taizé. Im September Robert-Schumann-Preis für die Beteiligung am Aufbau Europas in Straßburg.
1994	14 schwedische Landesbischöfe gemeinsam zu Besuch in Taizé.
1995	Nimmt an einen von Taizé aus vorbereiteten internationalen Treffen afrikanischer Jugendlicher in Johannesburg teil.
1997	Kommt auf Einladung zur Europäischen Ökumenischen Versammlung in Graz.

1999	Außerordentlicher Teilnehmer an der Synode über Europa in Rom.
2004	Zum letzten Mal bei einem Europäischen Jugendtreffen, dem 27. Treffen, in Lissabon.
2005	Letzte Reise, zur Beisetzung Johannes Pauls II. nach Rom.

Wird am 16. August während des Abendgebets in der Kirche der Versöhnung tätlich angegriffen und erliegt seinen Verletzungen.

Zu den Fotos im Lebensbild

Seite 84/85
Frère Roger als Jugendlicher
Das Dorf Taizé in den Anfangsjahren
Die Brüder bei den Aufbauarbeiten
Gebet in der romanischen Kirche

Seite 86/87
Das «Konzil der Jugend»
Jugendliche aller Erdteile
Flüchtlingskinder (Ruanda und Bosnien)

Seite 88/89
Auf dem Chinesischen Meer
In Kenia
In Haiti
In Indien

Seite 90/91
Mit Papst Johannes Paul II.
Patriarch Athenagoras von Konstantinopel
Erzbischof Ramsay von Canterbury
Evangelisch-lutherische Landesbischöfe aus Schweden
Europäisches Jugendtreffen

Quellen

Die Texte von Frère Roger stammen aus zahlreichen Veröffentlichungen in Büchern oder Briefen. Sie wurden nicht chronologisch, sondern nach Themen zusammengestellt. Die einzelnen Kapitel sind nach den Titeln der wichtigsten Bücher Frère Rogers benannt.

Die Regel von Taizé, 1954 und 2010, S. 25a und 81b.
Die Dynamik des Vorläufigen, 1965, S. 16a und 17.
Ein Fest ohne Ende, 1971, S. 24.
Kampf und Kontemplation, 1973, S. 30.
Aufbruch ins Ungeahnte, 1976, S. 10b, 31, 38a und 40.
Einer Liebe Staunen, 1979, S. 25b und 52.
Blühen wird deine Wüste, 1987, S. 58.
In allem ein innerer Friede, 1995 und 2002, S. 12, 14, 16b, 20, 21, 28, 38c, 60 und 81a.
Die Quellen von Taizé, 2001, S. 10a und 44.
Gott kann nur lieben, 2001 und 2003, S. 49, 54, 55 und Umschlaginnenseiten.
Ahnst du ein Glück? 2005, S. 13, 32, 33, 38b, 70 und 77.
Aus der Stille des Herzens, 2005, S. 22, 36, 42, 50, 66, 74 und 82.
Brief aus Russland für das Jahr 1989, S. 62 und 63.
Brief «Erstaunte Freude» für das Jahr 2000, S. 45.
Unvollendeter Brief für das Jahr, S. 68 und 72.
Begrüßung Papst Johannes-Pauls II., am 5. Oktober 1986, S. 80.

Titel der Originalausgabe:
«Vivre pour aimer. Pages choisis, Frère Roger 1915–2005»,
Les Presses de Taizé, 2010.
Übersetzung aus dem Französischen: Communauté de Taizé
© Les Ateliers et Presses de Taizé

Für die deutschsprachige Ausgabe:
© Verlag Herder GmbH, Freiburg im Breisgau 2010
Alle Rechte vorbehalten
www.herder.de

Fotorechte: © Ciric: 90c / © Wiesia Klemens: 91b / © Kluba,
editing.com: 11 / © Hans Lachmann: 86a, 88a, 88b / © Sabine
Leutenegger: 6, 9, 12/13, 15, 18/19, 20/21, 23, 26/27, 29, 30/31,
37, 41, 43, 44, 48, 53, 56/57, 59, 64/65, 67, 69, 73, 75, 76, 78/79 /
© Toni Schneiders: 85 / © Taizé: 4, 34/35, 39, 46/47, 49, 61, 71,
83, 86b, 87, 89a, 89b, 91a, 134 / © D.R. 84a, 84b, 85b, 90a, 90b

Umschlaggestaltung: Finken & Bumiller
Umschlagmotiv: Sabine Leutenegger, CH-Will

Satz: Weiß-Freiburg GmbH – Graphik & Buchgestaltung
Herstellung: fgb · freiburger graphische betriebe
www.fgb.de

Gedruckt auf umweltfreundlichem,
chlorfrei gebleichtem Papier
Printed in Germany
ISBN 978-3-451-33193-0